TRAITÉS INÉDITS

SUR LA

MUSIQUE DU MOYEN AGE

PAR

E. DE COUSSEMAKER

Correspondant de l'Institut,
Membre correspondant de l'Académie Impériale de Vienne,
Membre titulaire non-résidant du Comité Impérial des travaux historiques,
Associé de l'Académie Royale de Belgique, Membre honoraire de la
Société Royale des Antiquaires de Londres, etc.

II

M DCCC LXVII

LILLE. — IMPRIMERIE DE LEFEBVRE-DUCROCQ, RUE ESQUERMOISE, 57.

TRAITÉS INÉDITS

SUR LA MUSIQUE DU MOYEN AGE [1]

Le tome I de nos « Ecrivains sur la musique au moyen-âge », n'était pas encore achevé que déjà plusieurs érudits nous engagèrent vivement à compléter cette œuvre par la publication des autres documents les plus importants de notre collection. C'est pour répondre à d'aussi encourageantes sympathies, c'est avec la persuasion de rendre service à l'histoire de l'art que nous nous sommes décidé à donner deux nouveaux volumes.

Le tome II comprend : 1º des traités inédits de Réginon de Prum, de Hucbald, de Guido d'Arezzo et d'Odon de Cluny, qui ne sont pas seulement une suite au *Scriptores* du Prince abbé Gerbert, mais qui en forment un complément indispensable; 2º le traité de Gui de Châlis, les livres VI et VII du *Speculum musicæ* de Jean de Muris, le traité d'un Chartreux anonyme, tiré d'un manuscrit de la bibliothèque de l'Université de Gand, et un autre Anonyme de la bibliothèque de l'Université catholique de Louvain.

Pour donner une idée de l'importance de ces ouvrages, qui d'ailleurs n'échappera à personne, nous allons, comme nous l'avons fait dans la Préface du tome I, grouper ici l'ensemble des notes biographiques et bibliographiques afférentes à chaque auteur et à chacun des traités.

---

[1] Les lignes qu'on va lire sont la traduction de la Préface latine mise en tête du tome II de notre collection d'Ecrivains sur la musique du moyen âge, ayant pour titre : SCRIPTORUM DE MUSICA MEDII ÆVI NOVA SERIES.

I

TONAL DE RÉGINON DE PRUM.

Réginon de Prum, ainsi appelé parce qu'il fut d'abord moine, puis abbé du monastère bénédictin de Prum, dans le diocèse de Trèves, est né en Allemagne vers le milieu du IXe siècle. Il dut son élévation à la dignité abbatiale, en 892, à ses connaissances solides dans la théologie, l'histoire, les sciences et les arts. Pendant qu'il exerçait ces hautes fonctions, il eut la triste mission de couper les cheveux à Hugues, fils du roi Lothaire, qui fut relégué dans ce cloître, après qu'on l'eut privé de la vue. Mais bientôt, et à la suite d'intrigues fomentées par trois moines de l'abbaye[1], Réginon fut obligé de résigner sa charge, en 899 ; il se retira près de Rathbod, archevêque de Trèves, qui le nomma abbé de Saint-Martin[2] selon les uns, selon d'autres de Saint-Maximin[3], au faubourg de cette ville.

Réginon est auteur d'ouvrages d'histoire et de théologie; de plus il a écrit une Lettre sur la musique, suivie d'un Tonal, intitulée : « Epistola de harmonica institutione ad Rathbodum, Episcopum Trevirensem, ac Tonarius sive octo toni musicæ artis cum suis differentiis ». La lettre à Rathbold a été imprimée par l'abbé Gerbert[4]; le Tonal est inédit.

On connaît aujourd'hui trois manuscrits qui contiennent la Lettre à Rathbod : un manuscrit à Leipsick, qui passe pour être autographe; un autre dans la Bibliothèque d'Ulm; le troisième est conservé dans la Bibliothèque royale de Bruxelles. L'abbé Gerbert a fait l'historique du manuscrit de Leipsick dans la Préface du tome I de ses Scriptores[5]; nous y renvoyons nos lecteurs. Forkel aussi donne la description de ce manuscrit dans son Histoire générale de la musique[6]. Le manuscrit d'Ulm n'est connu

---

[1] Ainsi s'exprime Reginon dans sa chronique : « In regimine cœnobio non diu immoratus sum emulis contra me agentibus, sed Richarium, fratrem Gerhardi et Mafridi invidiosum, mei negotii successorem sustinui. »
[2] Histoire littéraire de la France par des religieux Bénédictins de St-Maur, t. IV. p. 148.
[3] Forkel, Allgemeine Geschichte der Musik, t. II, p. 314.
[4] Scriptores, t. I, p. 314.
[5] T. I; Præf., VIII.
[6] Allgemeine Geschichte der Musik, t. II, p. 313.

que par la notice de Beyschlag [1]. Quant à celui de Bruxelles, d'après lequel nous donnons le Tonal, il y fait partie d'un codex coté 2750-2765. Le n° 2751 contient la Lettre à Rathbod avec quelques variantes de peu d'importance. On y trouve à la fin quelques additions qui ne font pas corps avec la Lettre à Rathbod, mais qui nous ont paru dignes d'être reproduites.

Feu Marchal, rédacteur du catalogue des manuscrits de la Bibliothèque royale de Bruxelles [2], assigne le deuxième tiers du xe siècle comme l'époque à laquelle appartient ce manuscrit.

M. Fétis déclare que cette Lettre y porte la date de 885 [3]. Nous avons répété son assertion [4]; mais depuis, ayant eu la facilité de vérifier le codex lui-même, nous avons vainement cherché cette date. D'après l'écriture, Marchal nous semble avoir raison. Le Tonal de Réginon de Prum est compris sous le n° 2752.

Gerbert a reculé devant la difficulté de le publier à cause de sa notation neumatique [5]. Nous avons eu la patience d'en prendre un fac-similé entier, et nous avons cru faire une chose utile en en donnant une reproduction complète. Ceux qui se livrent à l'étude des neumes, comme ceux qui s'occupent de recherches sur les formules mélodiques du chant ecclésiastique, y trouveront un précieux recueil d'antiennes, de répons, d'introïts, de communions, etc.

D'après le fac-similé du manuscrit de Leipsick, joint à la description de ce volume donnée dans le catalogue des manuscrits de la Bibliothèque sénatoriale de cette ville [6], les neumes n'y ont pas tout à fait la même forme que dans le manuscrit de Bruxelles. Celui de Leipsick est en outre orné de lettres rouges et vertes. Le rédacteur du catalogue le considère comme étant du xe siècle. Les deux manuscrits seraient ainsi de la même époque.

Dans son article sur Hugo de Reutlingen [7], auteur d'un traité intitulé : « Flores musicæ », M. Fétis écrit ceci : « L'ouvrage, dit-il, a peu d'intérêt par lui-même, mais

---

[1] Sylloge variorum opusculorum, t. I, fasc. I, p. 216.

[2] Inventaire des manuscrits de la Bibliothèque royale des ducs de Bourgogne. Bruxelles, 1839.

[3] Résumé philosophique de la musique, p. CLXII.— Biographie univ. des musiciens, 1re édit., t. VIII, p. 372 ; — 2e édit., t. VIII, p. 198.

[4] Mémoire sur Hucbald et sur ses traités de musique, Paris, 1841, p. 149.

[5] Scriptores, t. I, p. 230.

[6] Catalogus librorum manuscriptorum qui in bibliotheca Senatoria civitatis Lipsiensis asservantur. Edidit Æmilius Guillelmus Robertus Naumann. Grimæ, 1838.

[7] Biographie universelle des musiciens, t. V, p. 211 ; — 2e éd., t. VI, p. 371.

« le commentaire en a beaucoup, parce qu'il donne en notation ordinaire de plain-
« chant des exemples des intonations des psaumes *dans un ordre à peu près identique*
« à celui du manuscrit de Réginon de Prum, qui se trouve à la Bibliothèque des ducs
« de Bourgogne, à Bruxelles; en sorte que, par ces exemples, on a des moyens de lever
« bien des doutes concernant les signes composés de la notation saxonne des ixe, x^e
« et xie siècles[1] ». Le savant bibliographe ne paraît pas avoir examiné attentivement ces
deux manuscrits, puisqu'ils ne contiennent pas les mêmes exemples, et que ceux-ci
n'y sont pas disposés de même.

II

FRAGMENT INÉDIT DE HUCBALD.

On n'est pas d'accord sur la question de savoir si tous les traités et fragments de
traités édités par Gerbert[2] sous le nom Hucbald sont bien de lui. Toutefois il n'est
douteux pour personne que le traité intitulé : *Musica Enchiriadis*, lui appartient.
Cet ouvrage et plusieurs autres, qui portent son nom, se trouvent dans un grand
nombre de manuscrits en France, en Italie, en Allemagne, en Angleterre, en
Belgique, etc.

Un traité, qui ne resta pas inconnu à Gerbert[3], est intitulé : « Inchiriadon Uchubaldi
francigenæ ». Il en existe des copies à Paris[4], à Florence[5] et à Bruges[6].

Ce traité n'est évidemment qu'un assemblage diffus et sans ordre, composé de
fragments tirés de la : « Musica Enchiriadis », du même auteur. Néanmoins
quelques variantes et surtout un fragment inédit sur l'organum lui donnent de l'intérêt;

---

[1] Nous avons amplement parlé de l'origine des neumes dans notre *Histoire de l'harmonie au moyen-âge*, p. 149. Qu'il nous soit permis à cette occasion de rappeler que l'opinion qui fait dériver les neumes des accents a été émise pour la première fois par nous, dans le livre que nous venons de citer, et que ce n'est que six mois après l'impression de cette partie de l'ouvrage, et postérieurement à son dépôt légal, qu'il a été question de cette origine dans le *Journal des Savants* (année 1852).

[2] Scriptores, etc., t. 1, p. 183-229.

[3] Ibid., t. I, Præf.

[4] Bibliothèque Impériale de Paris, Ms. 7202, xe siècle ; le traité y est intitulé : *Incipit Inchiriadon Uchubaldi Francigenæ*.

[5] Bibliothèque Magliabecchiana. Ms. xix, D. 19; le traité y porte le même titre que dans le Ms. de Paris.

[6] Bibliothèque de la ville. Ms. 32, xie siècle. Il appartenait autrefois à l'abbaye des Dunes ; le traité y est anonyme. Il y manque les exemples qui, dans le Ms de Paris, sont notés avec les signes dont l'invention est attribuée à Hucbald.

car tout ce qui est concerne la musique à sons simultanés offre de l'utilité ; c'est pourquoi nous n'avons pas hésité à publier la partie inédite qui s'y rapporte.

III

DES FORMULES DES MODES PAR GUIDO D'AREZZO.

Ce traité de Guido d'Arezzo, bien qu'un des plus importants qu'il ait composés, est resté inédit jusqu'à ce jour. Il était à peine connu, lorsque Bottée de Toulmon en a signalé l'existence dans le manuscrit de St-Evroult qui contient en même temps la plupart des autres œuvres du célèbre théoricien [1]. Plus tard, A. de la Fage en a trouvé une copie dans un manuscrit de la Bibliothèque Ricardiana, à Florence [2], et une autre dans la Bibliothèque Vallicellana, à Rome [3], avec des différences dont nous parlerons.

Faisons d'abord une brève description du manuscrit de St-Evroult. Ce manuscrit, qui est aujourd'hui la propriété de la Bibliothèque impériale, où il figure au fonds latin sous le n° 10508, est le même manuscrit de St-Evroult dont parle Jumilhac, dans son ouvrage : « la Science et la pratique du plain-chant [4] ». Cela résulte des annotations qu'on trouve dans le volume et que nous allons reproduire :

Sur le premier feuillet on lit : « Est S. Ebrulfi in Normani ».

Sur un fragment de papier qu'on a collé sur le même feuillet, se trouve écrit : « In « fine habet Micrologus, unus brevis sermo in musica editus a domno Widone, peritissimo « musico et venerabili monacho, directus ad Theobaldum Reatinæ civitatis. » — « Item « Antiphonarium ejusdem, et Formulæ modorum, etc. »

Au bas du deuxième feuillet on lit : « Iste liber est de armaria Sancti Ebrulfi ».

Enfin sur le dernier feuillet on lit : « Iste liber est de abbatia Sancti Ebrulfi ».

Le manuscrit se compose de deux parties : la première contient des Chants notés ; la seconde, les Traités de Guido d'Arezzo.

---

1 Notice bibliographique sur les travaux de Guido d'Arezzo, — Mémoires de la Société des antiquaires de France, t. XIII.
2 Essais de diphthérographie musicale. (Partie inédite en notre possession.)
3 Ibid. — Voir aussi la partie publiée, p. 89.
4 Paris, 1673 ; — 2ᵉ édit. Paris, 1847.

Les cinq premiers feuillets portent des *Kyrie* et autres chants paraphrasés, dits *farcis*. Avec le folio 6 commence ce qui, dans une des notes précédentes, est appelé Antiphonaire; cet ouvrage, attribué par Dom Jumilhac à Guido d'Arezzo[1], finit au verso du feuillet 129. Bottée de Toulmon, qui partage l'opinion de Dom Jumilhac, assigne en outre au célèbre Camaldule le *Psautier* de la Bibliothèque Impériale, supplément latin, n° 990[2].

Si cela était prouvé, ce serait certainement une des découvertes les plus importantes pour la restauration du plain-chant; mais la preuve n'en est fournie ni par Jumilhac pour l'Antiphonaire, ni par Bottée de Toulmon pour le Psautier.

Dom Jumilhac ne donne d'autre raison que la présence, dans le même manuscrit, de l'Antiphonaire avec les œuvres théoriques de Guido d'Arezzo, et sa notation en neumes disposés selon la doctrine de Guido sur quatre lignes, dont une en rouge, une en vert et deux en noir. Mais la première raison perd sa valeur devant ce fait que l'Antiphonaire et les Traités ont formé primitivement deux manuscrits distincts; cela résulte de l'examen de la pagination. En effet, il est facile de voir que les Traités, qui commencent avec la page 136, portaient primitivement une pagination particulière, ce qui indique clairement que cette partie du volume formait un manuscrit à part. Quant à sa notation en neumes sur des lignes de diverses couleurs, beaucoup de manuscrits de la même époque étant notés ainsi, rien de concluant ne saurait en être tiré en faveur de l'opinion émise par Dom Jumilhac.

En examinant bien le contenu de ce prétendu Antiphonaire, il est difficile de croire que ce soit l'Antiphonaire de Guido. Suivant Adrien de La Fage, qui avait étudié ce manuscrit pour une nouvelle édition des œuvres de Guido qu'il avait préparée[3], « ce « n'est que le travail de quelque choriste ou chef de chœur, qui voulait avoir pour son « usage une sorte de memorandum qui lui remît devant les yeux les passages qu'il pouvait « avoir occasion d'entonner seul et ceux qui étaient susceptibles de faire difficulté ».

D'un autre côté, il nous paraît difficile de croire que, dans l'Antiphonaire qu'il avait dis-

---

[1] La science et la pratique du plain-chant; Préface.
[2] Notice bibliographique sur les travaux de Guido d'Arezzo.
[3] A. de La Fage avait rassemblé tous les ouvrages de Gui d'Arezzo; il les avait collationnés sur un nombre considérable de manuscrits des principales bibliothèques de l'Europe, et en avait tiré d'amples variantes et extraits. Ces documents curieux, mais non encore coordonnés, sont en notre possession.

posé comme modèle à adopter, Guido ait admis des *Kyrie* et des *Sanctus* du genre de ceux qui se trouvent ici en grand nombre. Il est plus probable que ce recueil avait une destination analogue à celle qui est indiquée par A. de La Fage. Quelques chants, et notamment celui en l'honneur de St-Evroult, semblent dénoter une origine française.

Quant au Psautier du manuscrit 990, rien ne constate qu'il appartienne vraiment à Guido. Sa présence dans un volume comprenant quelques œuvres du célèbre théoricien n'est pas suffisante pour permettre de lui attribuer cet ouvrage. D'ailleurs, ce n'est pas un Psautier, mais un Tractuaire.

Arrivons maintenant à la seconde partie du manuscrit, celle qui renferme les œuvres théoriques de Guido. Elles commencent au folio 136, et contiennent les traités suivants :

1º fº 136, Mirologus;
2º fº 143, Regulæ musicæ rhythmicæ;
3º fº 145, De sex motibus vocum ad se invicem vel dimensione earum;
4º fº 145, Regulæ musicæ de ignoto cantu;
5º fº 149, Epilogus (prosaïcus) de modorum formulis;
6º fº 152, De modorum formulis et cantuum qualitatibus;
7º fº 156 vº, Epilogus rhythmicus in modorum formulis.

Le manuscrit finit par un opuscule intitulé : « Mensura monocordi secundum Boetium », sans nom d'auteur.

Les traités qui portent les nos 3, 6 et 7 sont inédits. Nous les publions dans le tome II de notre collection.

Le traité des formules des tons et l'épilogue rhythmique de ce traité, ainsi qu'on l'a dit plus haut, se trouvent dans un manuscrit de la Bibliothèque Vallicellana à Rome, et dans un autre de la Ricardiana à Florence; c'est A. de La Fage qui nous l'apprend dans ses « Essais de diphthérographie musicale »; mais ces deux leçons ne valent pas celle du manuscrit de St-Evroult. Dans la copie qu'en a laissée cet estimable savant, on rencontre quelques variantes dans le texte et une addition dont nous avons profité; mais les exemples de musique sont évidemment plus corrects dans le manuscrit de St-Evroult qui a servi de base à notre édition.

Maintenant, peut-il s'élever quelque doute sur la question de savoir si ce traité est bien de Guido? Nous ne le pensons pas, en présence surtout de l'Epilogue publié par

Gerbert[1] sans que son attribution à Guido d'Arezzo ait soulevé la moindre contestation. Il suffit d'ailleurs de le comparer avec le micrologue, pour se convaincre que le style des deux ouvrages est le même. De ce qu'ils ne se rencontrent que dans peu de manuscrits, ce n'est pas une raison de douter ; car on sait que les œuvres de Guido se trouvent rarement toutes réunies. Nous croyons qu'on ne saurait présenter d'objections sérieuses contre l'attribution donnée ici à ce traité. Quant à son importance pour l'étude de la tonalité des divers chants du graduel et de l'antiphonaire, elle sera facilement reconnue. L'opinion de Guido a un grand poids dans ces matières, traitées par les maîtres les plus célèbres qui l'ont précédé et suivi. Les tonals de Réginon de Prum, de Guido d'Arezzo, d'Odon et de Jean de Muris, joints à ceux que l'on connaissait déjà, seront, nous l'espérons, d'une utilité qui ne saura manquer d'être appréciée par tous ceux qui étudient ces questions.

IV

DES MOUVEMENTS DE LA VOIX PAR GUI D'AREZZO.

Ce fragment, qui se trouve aussi dans le manuscrit de la Bibliothèque Vallicellana, est intercalé dans le manuscrit de St-Evroult, entre le Prologue rhythmique de l'antiphonaire et l'Epilogue (prosaïque) des formules des modes. Son style ne laisse pas douter qu'il appartient bien à Guido. Le manuscrit de la Bibliothèque Vallicellana offre quelques variantes dont nous nous sommes servi.

V

TONAL D'ODON.

Des cinq traités ou fragments de traités que l'abbé Gerbert a publiés[2], sous le nom d'Odon, un seul, son « Dialogue sur la musique », lui est assigné sans contestation.

---

[1] Scriptores, etc., t. I, p. 251.   [2] Ibid., t. 1, p. 251.

Quelques auteurs l'ont attribué à Guido d'Arezzo; mais les efforts qu'ils ont pu faire pour le démontrer ont été vains, en présence d'un passage de la lettre à Michel, où Guido déclare lui-même qu'Odon est auteur d'un Manuel sur la musique [1], qui n'est autre que le Dialogue dont il s'agit [2].

Parmi les autres ouvrages qui lui sont attribués, mais dont l'attribution ne paraît pas être à l'abri de contestation, se trouve un *Tonal* dont l'abbé Gerbert a publié le *Proœmium*. Cet ouvrage est différent de l'*Intonarium* que nous donnons d'après le manuscrit de St-Dié [3]. Nous n'osons pourtant affirmer que celui-ci soit bien de lui, n'ayant d'autres raisons à donner que les mentions que renferme le titre placé en tête du traité, et dont la rédaction semble inspirer une assez grande confiance dans l'assertion qui le met sous le nom d'Odon. Pour en avoir néanmoins la certitude, il faudrait des preuves plus concluantes. Quoi qu'il en soit, qu'il appartienne à Odon ou qu'il soit l'œuvre d'un autre, il sera consulté avec fruit par tous ceux qui se livrent à l'étude du chant ecclésiastique au moyen-âge.

Ce Tonal, ainsi que ceux de Réginon de Prum, de Guido d'Arezzo et de Jean de Muris, sera très utile à ceux qui voudront faire un examen sérieux de la constitution des mélodies grégoriennes. On n'a pas encore remarqué tout le parti qu'on pourrait tirer d'un travail comparatif des divers tonals connus, selon les pays et les époques. Ce serait, suivant nous, un des moyens les meilleurs et les plus sûrs d'arriver à reconnaître et à distinguer les mélodies traditionnelles.

VI

RÈGLES SUR L'ART MUSICAL PAR GUI DE CHÂLIS.

Gui, abbé de Châlis, monastère de l'ordre de Citeaux en Bourgogne, vivait au XIIe siècle. Son traité, que nous éditons d'après un manuscrit de la Bibliothèque Ste-Gene-

---

[1] Ibid., t. II, p. 50.
[2] Dans un manuscrit de la Bibliothèque impériale de Paris et dans un autre du Musée Britannique, ce Dialogue d'Odon porte pour titre : *Enchiridion*.
[3] Nous nous plaisons à rappeler que c'est à M. Grosjean, organiste à St-Dié, que nous sommes redevable de la communication de ce manuscrit.

viève à Paris, est de cette époque ; il est plein d'intérêt sous le rapport tant du chant ecclésiastique que de l'histoire de l'harmonie. Il en existait autrefois un manuscrit à l'abbaye St-Germain-des-Prés[1], et, d'après Casimir Oudin[2], on en conservait un à l'abbaye de Foisgny et un à celle de Bucilly, ordre de Prémontré ; mais on ignore ce qu'ils sont devenus. Les recherches que nous avons pu faire pour les retrouver ont été infructueuses. La découverte de l'un d'eux aurait été utile pour remplir quelques lacunes que l'humidité a occasionnées à la partie inférieure de plusieurs pages du manuscrit de la Bibliothèque Ste-Geneviève.

Les renseignements sur la naissance de Gui, sur son décès, sur les circonstances de sa vie manquent. Il résulte seulement d'un passage qui se trouve au commencement de son traité qu'il l'aurait composé à la demande de l'abbé de Clairvaux, pendant qu'il était novice dans ce monastère. D'après cela, on a, dans ce traité, ce qui n'est pas sans intérêt, des indications précieuses sur la doctrine qui était alors en usage dans l'ordre de Citeaux. Sous ce rapport encore, cet ouvrage est important pour l'histoire du chant ecclésiastique. Il ne l'est pas moins, ainsi qu'on l'a dit, pour l'histoire de l'harmonie, car il contient à la fin des règles sur la diaphonie que nous avons publiées précédemment en faisant ressortir l'intérêt qu'elles présentent[3].

Ce traité est donc, à tous égards, un document dont la place était marquée dans notre collection.

VII

SPECULUM MUSICÆ PAR JEAN DE MURIS.

Jean de Muris, de Murs ou de Meurs, est le théoricien le plus savant et le plus célèbre du XIVe siècle. Son nom et ses écrits ont fait autorité[4] dans toute l'Europe, non-seulement de son vivant, mais encore longtemps après lui. C'est peut-être à cette renommée universelle qu'il faut attribuer les opinions fort diverses qui ont été émises

---

1 D. Fétis, Biographie universelle des musiciens, t. IV.
2 Comment. de Scriptoribus eccles.
3 Histoire de l'harmonie au moyen-âge, p. 255-258.
4 C'étaient les ouvrages de Jean de Muris qui étaient en usage, pour l'enseignement de la musique, à l'École des beaux-arts de l'Université de Louvain. Voici ce qu'on lit dans les Statuts de 1426 : « Item. Statuimus et ordinamus quod in mathematicalibus legentur tractatus de Spera, primus liber Euclidis, aliquis tractatus de arithmetica, et Johannis de Muris Musica. »

sur le pays où il reçut le jour. Baleus[1], Gesner[2], Tanner[3], Hawkins[4] en font un Anglais; Bontempi[5] le fait naître en Italie; mais aucun de ces auteurs ne fournit de preuves solides.

Presque tous les documents au contraire le considèrent comme Français ; seulement les uns lui donnent pour berceau Paris, d'autres la Normandie. A cet égard encore, rien n'est démontré. Il est possible que le nom de *Muris*, de *Murs* ou de *Meurs*, soit celui du lieu de naissance du célèbre docteur de Sorbonne; mais, en supposant qu'il en fût ainsi, comme il existe plusieurs localités de ce nom, on se trouverait de nouveau dans le doute. Il faut donc attendre la découverte de quelque document positif, et se contenter pour le moment de ce fait important, c'est qu'on peut à bon droit regarder la France comme sa patrie.

On n'est pas mieux renseigné sur l'époque de sa naissance et de son décès. Toutefois, le rapprochement de quelques dates certaines permettent de circonscrire le temps où il a vécu entre la fin du XIIIe siècle et le milieu ou le second tiers du XIVe [6].

Jean de Muris fut docteur et professeur de Sorbonne; cela résulte de divers témoignages, et spécialement de mentions écrites à la fin de deux de ses traités conservés en manuscrit dans les Bibliothèques de Paris et d'Oxford[7]. Voici celle du manuscrit de Paris : « Explicit Musica speculativa secundum Boetium per Magistrum Johannem de « Muris abbreviata, Parisiis, *in Sorbona* anno domini 1313 [8] » ; l'autre, écrite à la fin du manuscrit de la Bibliothèque Bodléienne, est ainsi conçue : « Hos canones disposuit « Johannes de Muris, Parisiis, in aº M. CCC. XXXIX, in domo scolarum *de Sorbona* [9]. »

Selon le Père Mersenne, Jean de Muris aurait été en outre chanoine et doyen de l'église de Paris [10]; mais le savant Minime ne fait pas connaître la source où il a puisé ce renseignement, et celui-ci se trouve en contradiction avec le silence que gardent et le

---

1 Centur. XI de Scriptoribus Britanniæ.
2 Bibloth. universalis : « Johannes de Muris *Anglus*, ut fertur, bonarum artium magister, scripsit de musica practica tractatum, in quem epitomen scripsit Prosdocimus Patavinus. »
3 Bibliot. Britann. — Hibern, p. 537.
4 General history of the science and pratice of music. new edit., London, 1853, p. 217. Dans le manuscrit cité on lit ces vers :

John de Muris, variis floruitque figuris
Anglia cantorum omen gignit plurimorum.

5 Istoria musica, p. 199.
6 Forkel, Allgem. Geschichte der musik , t. II, p. 426. — Fétis, Biographie universelle des musiciens, 2ᵉ édit., t. VI, p. 266.
7 Gerb., Script., t. III, p. 283.
8 Fétis, Biographie universelle des musiciens; 2ᵉ édit., t. VI, p. 283.
9 Ibid.
10 Harmonicorum, etc., Lutetiæ Parisiorum, 1648; lib. I, prop. XXV, p. 8. — Voici les paroles mêmes de Mersenne : « Præterea ea quæ attulimus ex Aristotele, et Ptolemæo, placet

Gallia christiana et le *Cartulaire* de Notre-Dame de Paris, où le nom de Jean de Muris n'est pas cité parmi ces dignitaires.

Jean de Muris était un très savant homme; il a écrit non-seulement sur la musique, mais aussi sur l'arithmétique et l'astronomie. Nous ne parlerons ici que de ses ouvrages relatifs à la musique.

Parmi ceux qui portent son nom, il en est plusieurs qui sont incontestablement de lui; mais d'autres, et c'est le plus grand nombre, ne lui appartiennent pas; ce sont des extraits ou des compilations d'après les doctrines exposées dans ses traités.

Sauf le traité sur la *Musique spéculative*, on peut classer dans cette dernière catégorie tous ceux que l'abbé Gerbert a insérés dans le tome III de son *Scriptores*, ce qui ne diminue pas l'intérêt qu'ils peuvent avoir.

En voici la nomenclature selon l'ordre où ils sont publiés dans le recueil de Gerbert :

1° *Summa magistri Johannes de Muris;*

Cet ouvrage est tiré d'un manuscrit de la Bibliothèque impériale de Paris. M. Fétis a dit et répété [1] que cet ouvrage se trouve dans un manuscrit de la Bibliothèque de l'Université de Gand; il n'y existe pas. Le savant bibliographe s'est trompé; il a confondu ce traité avec un autre intitulé : *Ars discantus et argumentum musicæ per magistrum Johannis de Muris*, qui est dans le même manuscrit et dont il avait parlé ailleurs [2].

2° *De musica speculativa;*

C'est un abrégé fort bien fait du traité de Boëce. Il se trouve en manuscrit à la Bibliothèque impériale de Paris, sous le n° 7869, où il porte la date de 1323. Ce n'est pas ce manuscrit dont s'est servi Gerbert, quoiqu'il l'ait connu; il a reproduit l'édition qui en avait été donnée par un professeur de Leipsick, M⁰ Conrad, surnommé Noricus parce qu'il était Styrien de naissance, en la faisant précéder de la version tirée d'un manuscrit de Vienne et de la préface du manuscrit de Paris [3].

M. Fétis dit que le traité publié par C. Noricus est probablement le même ouvrage que

---

ea referre quæ leguntur in *Speculo musicæ Johannis de Muris, Canonici* atque *Decani* Ecclesiæ Parisiensis, quod asservatur in bibliotheca regia, in quo post septem libros ejusdem Speculi, *tractatus* additur *absque authoris nomine*, etc. Ce passage ne se trouve pas dans l'édition française de cet ouvrage publié à Paris, en 1636, sous le titre de : *Harmonie univer-* *selle*. Quant au TRAITÉ sans nom d'auteur, nous en parlons un peu plus bas.

[1] Biographie universelle des musiciens, t. VI, p. 523; — 2ᵉ édit., VI, p. 367.
[2] Revue musicale, t. XIV, 1834.
[3] Script., t. III, p. 189-329.

celui dont il existe une édition intitulée : « Epitoma Johannis de Muris in musicam Boecii. In quo omnes conclusiones musice prout est inter septem artes liberales primaria, mira celeritate, mathematico more, demonstrantur. »

Comme nous possédons un exemplaire de ce rare opuscule, nous pouvons affirmer que l'édition de Francfort est bien le même ouvrage, à l'exception toutefois de la préface qui est celle du manuscrit de Paris, et sauf quelques variantes.

Avant le dernier feuillet, contenant au recto le *Correctorium,* et au verso la marque de l'imprimeur, on lit : « Explicit musica magistri Johannis de Muris nuper per magistrum
« Ambrosium Lacher de Merspurgk mathematicum diligenter revisa, ordinarie lecta
« atque impressa in studio novo Franckfordiano ; anno salutis 1508, studii vero prefati 3
« in die Sancti Galli. »

Nous reproduisons cette mention pour rectifier quelques inexactitudes qui se rencontrent dans les citations faites par d'autres.

Il est assez singulier que tous ceux qui ont examiné le manuscrit 7207, dont nous parlerons plus loin, n'ont pas vu qu'à la fin du volume se trouve le même traité finissant par ces mots : *Explicit tractatus musice magistri Johannis de Muris.* A l'exception de la préface de l'édition de Francfort, qui n'existe pas dans le manuscrit 7207, le texte y est disposé de la même manière ; mais ce dernier manuscrit contient les figures très exactement dessinées, qui ne se trouvent pas dans l'imprimé.

3º *De numeris qui musicas retinent consonantias;*

Cet opuscule est édité d'après un manuscrit de la Bibliothèque impériale de Paris.

4º *Tractatus de proportionibus;*

D'après un manuscrit du même dépôt.

5º *De musica practica;*

Encore d'après le même manuscrit. Ce traité n'a rien de commun avec celui dont il sera parlé plus loin, et qui porte le même titre.

6º *Questiones super partes musicæ;*

D'après le même manuscrit de Paris, et d'après un autre de St-Blaise.

7º *De discantu et consonantiis;*

D'après le même manuscrit. C'est un fragment de peu d'importance, et qui n'a point de rapport avec un autre traité intitulé : *De discantu.*

8° *De tonis;*

Même provenance.

9° *Ars discantus data a magistro Johanne de Muris abbreviando;*

Encore d'après le même manuscrit de Paris. Il n'y est question que des proportions.

Outre le traité sur la *Musique spéculative*, le seul, entre ceux qu'a publiés Gerbert, qu'on puisse considérer comme lui appartenant d'une manière certaine, Jean de Muris a composé trois autres ouvrages importants, restés inédits ; ce sont les suivants :

1° *Speculum musicæ;*

Nous parlerons de ce traité capital un peu plus loin.

2° *Ars discantus;*

3° *Ars musicæ mensuratæ.*

Parmi les nombreux documents que nous avons recueillis dans les principales Bibliothèques de l'Europe, nous n'avons rencontré aucune copie de ces deux ouvrages avec le nom de Jean de Muris ou avec des indications authentiques qui prouvent qu'ils sortent de sa plume. Peut-être se trouvent-ils parmi les traités anonymes assez nombreux de cette époque. M. Fétis dit qu'il possède un manuscrit complet du traité de contrepoint intitulé : *De discantu*[1] ; mais il n'en donne ni l'analyse, ni le commencement, ni la fin, rien enfin qui permette de s'en faire une idée ou qui puisse servir de point de comparaison. Quoi qu'il en soit, on ne peut douter que Jean de Muris ait composé un traité sur le *Contrepoint* et un sur la *Musique mesurée*, qui sont différents de ce qu'il a écrit sur cette matière dans le *Speculum musicæ*. Ce qui le prouve, c'est d'abord que les écrivains du temps en parlent en des termes qui ne peuvent laisser aucune équivoque à cet égard; ce sont ensuite certains traités anonymes où les auteurs déclarent n'avoir d'autre mérite que celui d'interpréter fidèlement la doctrine de Jean de Muris[2].

Tels sont, pour le contrepoint, le traité du manuscrit de Gand ayant pour titre : *Ars discantus secundum Johanne de Muris;* et pour la musique mesurée, le traité commençant par ces mots : « Quilibet in arte practica mensurabilis cantus, etc. »,

---

[1] Biographie universelle des musiciens, t. vi, p. 523.
[2] Voir dans le tome iii de notre « *Scriptorum de musica medii ævi nova series* » les traités de Prosdocime de Beldemande, de Jean Verulus d'Anagnia et autres.

dont on trouve des copies dans la Bibliothèque impériale de Paris, dans la Bibliothèque du Vatican, dans celle d'Einsideln, etc.

Nous publierons ces traités dans le tome III de notre collection, et nous y donnerons quelques explications qui confirmeront ce que nous venons de dire.

Arrivons maintenant au *Speculum musicæ*. C'est là sans contredit l'ouvrage capital du célèbre docteur de Sorbonne; c'est la plus vaste encyclopédie de la science musicale au moyen-âge. On n'en connaît que deux manuscrits, qui existent tous deux à la Bibliothèque Impériale, l'un sous le n° 7207, l'autre sous le n° 7207 ᴬ. Le premier est un magnifique volume in-folio sur velin, d'une belle écriture de la fin du xɪvᵉ siècle ou du commencement du xvᵉ. L'autre, sur papier, est beaucoup inférieur sous le rapport de l'exécution calligraphique, et moins complet; il y manque notamment le dernier livre du traité.

L'ouvrage est divisé en sept livres : le premier traite de la musique, de son invention et de ses divisions; le second, des intervalles; le troisième, des proportions; le quatrième, des consonances et des dissonances; le cinquième, des tétracordes, de la division du monocorde et de la doctrine de Boëce; le sixième, des modes et du chant ecclésiastique; le septième, du déchant et de la musique mesurée.

Cette simple énumération indique suffisamment toute l'importance de ce traité. Il serait certes à désirer qu'il fût publié. Dès l'année 1844, nous en avions fait la proposition au « Comité historique des arts et monuments », établi près le Ministère de l'Instruction publique; mais il n'y fut pas donné suite à cause de certaines difficultés typographiques. Sans nous décourager, nous avons continué à recueillir des documents inédits, et persisté dans notre idée de les publier. Excité par d'encourageantes sympathies, seul nous avons tenté cette lourde entreprise. Elle a reçu un accueil favorable; c'est la seule récompense que nous ambitionnions.

Toutefois, il a fallu la conduire avec modération et y apposer certaines bornes. Pour y insérer le *Speculum musicæ* entier, il aurait fallu presque doubler le nombre des volumes dont se composera notre recueil. Le faire, c'eût été dépasser les limites dans lesquelles il convenait de nous renfermer. Si intéressant d'ailleurs que soit ce vaste ensemble des connaissances musicales au xɪvᵉ siècle, il est néanmoins certaines parties, notamment celles qui concernent la théorie spéculative de l'art, qui n'offrent plus aujourd'hui qu'un intérêt secondaire. Il en est tout autrement des parties relatives au plain-chant et à la musique mesurée; celles-ci, au contraire, sont d'une importance considérable. Là, en effet, se trouvent exposées avec les plus grands détails et avec une érudition toujours sûre non-seulement les doctrines des plus célèbres maîtres, mais aussi les propres idées de l'auteur, qui a étudié à fond la matière qu'il traite. Ce qui se rapporte au plain-chant et à la musique mesurée est compris dans les livres VI et VII ; ce sont ces deux livres que nous donnons dans le tome II de notre collection. Nous espérons que tous ceux qui se livrent aux études musicales nous sauront gré d'avoir mis ces documents à leur disposition.

Pour qu'on ait une idée de l'ensemble de l'ouvrage, nous avons reproduit les tables de chapitres des livres I à V dans la Préface latine placée en tête du tome II de notre recueil ; quant aux tables de chapitres des livres VI et VII, elles se trouvent en tête de chacun de ces livres dans le même volume.

VIII

TRAITÉ DE PLAIN-CHANT PAR UN CHARTREUX ANONYME.

Ce traité que nous publions, d'après le manuscrit de la Bibliothèque de l'Université de Gand[1] dont nous avons parlé plus haut, est indiqué dans le catalogue des manuscrits de ce dépôt sous les nos 8, 9 et 10, comme formant trois ouvrages distincts. Selon nous, ce n'est qu'un seul ouvrage traitant, sous des rubriques spéciales, diverses questions relatives au plain-chant. Trois faits viennent le démontrer ; ce sont :

1º Les lettres de repère placées en marge du traité, sans interruption;

2º Les chiffres de renvoi de pagination qui se rencontrent dans tout ce traité et qui ne se rapportent pas au manuscrit de Gand ;

3º Un paragraphe qui forme une addition dont il sera parlé à la page 20.

---

[1] Ce manuscrit, inscrit sous le nº 421, provient de l'abbaye de St-Bavon. C'est un in-folio de grand format, comprenant 206 feuillets en vélin. Il est d'une très-belle écriture du commencement du XIVe siècle. Le copiste déclare lui-même avoir achevé la première partie en 1503, et la seconde en 1504. La première mention est rapportée dans notre t. II (p. 483); l'autre placée à la fin du volume, est ainsi conçue : « Explicitus est liber scriptus Gandavi per me M. Anthonium de Aggere Sancti Martini (en Flamand : Sinte-Martins-Dyck). Anno Domini M. Vc. IV, prima die aprilis. »

Cela résulte en outre de ce que le tout, ainsi que l'auteur le dit lui-même, n'est qu'une compilation; mais c'est une compilation très bien faite à laquelle l'écrivain a ajouté ses propres idées, ce qui constitue un ensemble où se trouvent des renseignements sur certains points de doctrine et de pratique qu'on chercherait vainement ailleurs.

Voici maintenant les divisions que nous avons adoptées, les intitulés de chacune de ces divisions, et les explications dont il nous a paru utile de les accompagner.

1. — *Traité de la nature et de la distinction des tons.*

Tel est le titre exact de la partie de ce traité, qui porte le n° 8 dans le Catalogue des manuscrits de la Bibliothèque de l'Université de Gand.

M. Fétis n'ayant regardé sans doute que les trois premiers mots de ce titre, sans faire attention au surplus, a cru que c'était le traité de Tinctoris intitulé : *Tractatus de natura et proprietatibus tonorum* [1]. S'il avait lu quelques pages ou quelques lignes du traité lui-même, il se serait bientôt aperçu — lui qui possède un manuscrit de Tinctoris, lui qui l'a traduit et commenté [2] — que le traité du manuscrit de Gand n'a rien de commun avec celui du célèbre chanoine de Nivelles.

2. — *L'art d'entonner selon les règles enseignées par les maîtres de l'art.*

Dans le Catalogue des manuscrits de Gand, cette partie est inscrite sous le n° 9. Après l'*Explicit*, l'auteur déclare que la doctrine qu'il vient d'exposer est extraite de divers ouvrages sur l'art musical, mais il n'en nomme pas les auteurs.

3. — *Fragments divers.*

Le Catalogue des manuscrits de Gand classe sous le n° 10 une partie du *Dialogue d'Odon*, qui y est attribué à tort à Guido d'Arezzo. Nous omettons ces fragments, puisque le « Dialogue » d'Odon a été publié par Gerbert [3]. Mais ce même n° 10 comprend en outre des Vers sur la musique et d'autres fragments; nous les publions sous le titre de « *Fragments divers* ».

4. — *Formation et origine du monocorde.*

La figure du monocorde donnée par l'auteur n'est pas la même que celle qu'indiquent Guido d'Arezzo et Jean de Muris. Elle a du rapport avec quelques-uns des nombreux instruments à cordes pincées en usage au XVe siècle. Quant à la division des intervalles, elle

---

[1] Revue musicale, t. XIV, p. 19.
[2] Biographie universelle des musiciens, t. V, p. 364; — 2e édit., t. IV, p. 435.
[3] Scriptores, t. I, p. 251.

est facile et claire. Toutefois, il est à regretter que le copiste n'ait pas reproduit les exemples donnés par l'auteur.

C'est dans cet opuscule qu'on trouve un renvoi qui se rapporte au chapitre XIX du traité intitulé : *De arte musices,* inséré dans le même manuscrit, et d'où résulte la preuve que ce traité, et celui que nous éditons sous le n° VIII, sont du même auteur.

5. — *Ceci se rapporte au traité de la distinction des tons.*

C'est l'addition dont nous venons de parler (p. 18) et qui, suivant nous, est une preuve qu'il ne s'agit ici que d'un seul traité.

6. — *Des tons et de ce qui s'y rattache.*

Sous ce titre général, ajouté par nous pour plus de clarté, on trouve un ensemble de règles pratiques, rédigées avec beaucoup de netteté, sur les tons, sur les finales, sur la manière de reconnaître à quel ton appartiennent les antiennes, sur les repos et la respiration, sur le mode de composition du plain-chant, sur l'emploi du ♭ et du ♮, etc.

7. — *Instruction courte et utile pour le plain-chant.*

Cette partie comprend des règles et des conseils sur la manière de chanter convenablement. Elle est terminée par une sorte de Tonal, où sont notées les différentes intonations pour les offertoires et les antiennes de chaque ton.

8. — *Stet protestatio ista facta supra folio* LXVI.

Ce renvoi semble se rapporter à une partie du petit traité sur le monocorde.

Ces divisions, que nous avons d'ailleurs trouvées presque toutes établies, et aux intitulés desquelles nous n'avons fait que très peu de changements, sont de nature, pensons-nous, à jeter plus de clarté sur l'ensemble du traité, et à mieux en apprécier l'importance.

Quant aux recherches que nous avons faites pour en découvrir l'auteur, elles n'ont abouti qu'en partie. Ce qui est certain, c'est que le traité a pour auteur le Chartreux qui a composé le traité qui, dans le même manuscrit, est intitulé : *De arte musices.*

S'il fallait s'en rapporter exclusivement à quelques passages, à quelques renvois, au style général et à certaines expressions particulières, on y trouverait des éléments suffisants pour justifier cette attribution. Cette opinion était partagée par le rédacteur de l'ancien Catalogue, Walwein de Tervliet, qui se fondait sans doute sur les analogies de langage que nous venons de signaler. Toutefois, il n'en fournit aucune preuve; pourtant elle existe dans l'ouvrage même. On la trouve effectivement dans le renvoi à un passage du traité *De arte musices*, passage qui correspond parfaitement à ce renvoi. Il ne peut donc y avoir aucun doute sur l'identité de l'auteur des deux traités.

Reste à démontrer que le *De arte musices* est l'œuvre d'un chartreux; rien de plus facile; voici ce que l'auteur lui-même y dit dans le Prologue : « Quod et ego loquens « attestor, pro parte sacri ordinis *nostri Carthusiensis* experientia doctus, quia dum nos « per musicam, velut in cantico novo quod sancti patres nostri docuerunt, etc. »

Walwein de Tervliet a cru y reconnaître le célèbre Denys de Lewis, natif de Rykel, au pays de Liége, chartreux à Ruremonde, au XIIe siècle. « On peut voir, dit-il, au « Prologue de la première partie, qu'un Chartreux, vraisemblablement Denys de Lewis, « de Ryckel, au pays de Liége, Chartreux à Ruremonde, a composé, sinon tout l'ouvrage, « *De arte musices*, du moins le Prologue [1]. » Mais toutes les recherches que nous avons pu faire nous-même et auxquelles a bien voulu se livrer notre docte ami M. le baron de St-Genois, n'ont pu avoir pour résultat la confirmation du fait avancé par Walwein de Tervliet. Jusqu'à nouvelle découverte, il faut donc se contenter de la preuve qui donne pour auteur un Chartreux.

Denis de Lewis a écrit un grand nombre d'ouvrages [2]. Trithème (*Scriptores eccles.*) en publie une nomenclature d'après une liste émanant du célèbre Chartreux; mais elle se termine par ces mots : *Et multa alia opera*. Dans cette longue énumération, le seul ouvrage qui ait quelque trait à la musique est celui qui porte pour titre : *De modo devote psallendi*.

M. Fétis, qui rapporte le passage que nous venons de citer, dit que Walwein s'est trompé, et poursuit ainsi : « Le Prologue seul est de Ryckel, et il a été ajouté après coup. « Le véritable auteur de cet ouvrage est *Jean le Chartreux de Mantoue*, ainsi nommé « parce qu'il était moine à la Chartreuse de cette ville [3] ». Et ailleurs : « Ce traité (celui « de Jean de Mantoue) dont on trouve une copie dans la bibliothèque de Gand, est « indiqué dans le catalogue de cette bibliothèque comme anonyme; néanmoins par une

---

[1] Catalogue des manuscrits de la bibliothèque de la ville de Gand, classés par le bibliothécaire Joseph-Constant Walwein de Tervliet. Gand, 1816.

[2] On trouve des renseignements bibliographiques sur Denis de Lewis dans les Bollandistes : Acta sanctorum; — Foppens, Bibl. Belgica, I, 241-244; — Fabricius, Bibl. med. ævi latinitatis; — Cassani (J.), Admirabile vida del P.-D. Rickel, Madrid, 1738, etc., et dans beaucoup d'autres auteurs qui se sont copiés.

[3] Revue musicale, t. XIV, 1834, p. 19.

« lecture attentive (!), on découvre dans l'ouvrage même qu'il a été écrit par Jean le
« Chartreux de Mantoue, car on y lit ce passage (pars I, lib. 3) : « Gallia namque me
« genuit et fecit cantorem, Italia vero qualemcumque sub Victorino Feltrensi, viro tam
« litteris græcis quam latinis affatim imbuto, Grammaticum et Musicum, Mantua tamen
« Italiæ civitas indignum Carthusiæ Monachum [1] ».

En lisant ces lignes, ne devrait-on pas être fondé à croire que M. Fétis les a écrites après avoir lu le traité dont il parle, et après avoir examiné que c'est bien celui de *Jean le Chartreux de Mantoue?* Cependant il n'en est rien. Le traité de Gand n'a aucun rapport avec celui de Jean de Mantoue.

Nous ne publions pas ici le traité *De arte musices*, pour le même motif que celui qui nous a empêché d'éditer celui de Jean de Muris en entier. D'ailleurs, le *De arte musices*[2], qui est divisé non en trois, mais en deux parties : l'une appelée *theorica*, l'autre *practica*, est un traité pour ainsi dire exclusivement spéculatif, dans lequel l'auteur a pris pour base la doctrine de Jean de Muris.

IX

TRAITÉ DE PLAIN-CHANT ET D'ORGANUM PAR UN ANONYME.

L'existence de ce traité dans un manuscrit de la Bibliothèque de l'Université catholique de Louvain nous a été signalée par notre ami, M. Xavier Van Elewyck, connu par des ouvrages estimés sur l'art musical. Nous lui en témoignons nos vifs remerciements ainsi qu'à M. l'abbé Reusens, le savant conservateur de ce dépôt, qui nous a obligeamment mis à même d'enrichir notre recueil de ce précieux document. La provenance du manuscrit est indiquée dans la note suivante qui se trouve écrite sur le premier feuillet : « Hic liber quondam pertinet ad celebrem bibliothecam abbatiæ O. S. B. dictæ
« S. Jacobi in Insula Leodii. Emptus fuit ab infrascripto quum, sub hasta divende-
« rentur libri R[di] D[ui] d'Arleux, dictæ abbatiæ quondam monachi et postea abbatia

---

[1] Biographie universelle des musiciens, t. v, p. 261 ; — 2ᵉ édit., t. IV, p. 435.

[2] Une copie de cet ouvrage nous a été gracieusement offerte par notre ami M. le chevalier Léon de Burbure.

« illa in capitulo canonicorum seculariam conversa, collegiatæ ecclesiæ Sancti Jacobi
« canonici. Hic autem liber pergamenis chartis inscriptus continet : Fº 1º Tractatum de
« timore; — F. 86. Constitutiones Benedicti papæ XII, in quibus de religionis apostolis,
« de visione faciali, de revocatione beneficiorum, etc. — F. 114. Summa dictaminis
« Laurentii quæ consistit in formulis litterarum, etc. — F. 130. Liber epistolarum
« Horatii. — Post varia semideleta sequuntur poëma inscriptum : « Dapes quales in
« Paschali sumuntur, aliaque carmina. — F. 170. Derivationes a magistro Anselmo,
« opus grammatices. — F. 186. Tractatus de Musica. — J.-H. JANSSENS, Theologiæ
« dogmaticæ ac scripturæ S. professor in seminarie Epise. — Leodii, 1821. »

L'écriture du manuscrit est du xiiie siècle; mais, d'après son contenu, il est probable
que le traité de musique appartient à la fin du xiie siècle. Les exemples sont écrits en
neumes dits neumes allemands. Cette notation a été en usage en Allemagne et dans
les Pays-Bas jusques dans le xvie siècle.

Le traité ne porte aucune division; il comprend néanmoins plusieurs parties distinctes.
On y traite des sons, de leurs espèces et de leurs propriétés, des nuances, des intervalles, des pieds métriques, des tons, de l'organum. Cette dernière partie, une des
plus intéressantes du traité, a du rapport avec ce que dit Gui de Châlis de la diaphonie.

Quant à l'auteur, nous n'avons trouvé aucune indication qui soit de nature à le faire
découvrir.

On a vu plus haut que le manuscrit provient de l'abbaye de St-Jacques de Liége. La
Bibliothèque royale de Bruxelles possède aussi un manuscrit qui a appartenu à un
monastère de Liége, l'abbaye de St-Laurent, et qui comprend une copie du traité de
Bernon, où se trouve une lacune avec cette note : « Si hic defectus, nescio quia in
« libro ex quo scripsi (de S. Jacobo), adhuc magis est spatium derelictum »; puis les
œuvres de Gui d'Arezzo, le dialogue d'Odon, un traité anonyme intitulé : *Questiones
in musica*, dont Jean de Muris faisait le plus grand cas, le traité d'Aribon, plus cinq
autres ouvrages anonymes parmi lesquels on compte un traité sur le déchant, publié dans
le tome I de notre collection, et un autre sur la théorie, la pratique et la diaphonie,
qui semble appartenir au xive siècle. Ce volume, comme on le voit, est en quelque
sorte un corps de doctrine musicale depuis le xie siècle jusqu'au xive.

La présence de ces traités de musique dans deux abbayes de Liége semble démontrer que l'art musical y était enseigné d'après les meilleurs maîtres. Si, comme on le prétend, Francon, écolâtre à Liége au XIe siècle, est l'auteur du traité intitulé : *Ars cantus mensurabilis*, attribué à Francon de Cologne, il semble extraordinaire que, dans aucun des traités que nous venons de mentionner, il ne soit question ni du nom ni de la doctrine du célèbre mensuraliste. Est-il admissible qu'une renommée aussi grande n'ait laissé aucune trace dans le pays même où elle s'est produite ; que ceux-là même qui en ont en quelque sorte été directement les héritiers, aient voulu la couvrir du voile de l'oubli, au lieu de lui donner l'éclat de la tradition, sinon le souvenir le plus modeste ? Selon nous, il faut interpréter ce silence autrement : il vient donner une nouvelle confirmation à l'opinion de ceux qui soutiennent que l'écolâtre de Liége n'est pas le mensuraliste de Cologne.

www.ingramcontent.com/pod-product-compliance
Lightning Source LLC
Chambersburg PA
CBHW060453050426
42451CB00014B/3302